1,000
Spanish Words

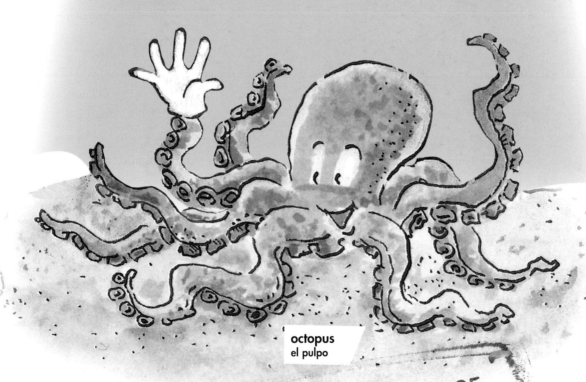

octopus
el pulpo

Berlitz Kids™
Berlitz Publishing
New York   Munich   Singapore

Contacting the Editors

Every effort has been made to provide accurate information in this publication, but changes are inevitable. The publisher cannot be responsible for any resulting loss, inconvenience or injury. We would appreciate it if readers would call our attention to any errors or outdated information by contacting Berlitz Publishing. email: comments@berlitzpublishing.com

Printed in China by CTPS, March 2011

Distribution
UK & Ireland: GeoCenter International Ltd., Meridian House, Churchill Way West, Basingstoke, Hampshire RG21 6YR. email: sales@geocenter.co.uk

United States: Ingram Publisher Services, One Ingram Boulevard, PO Box 3006, La Vergne, TN 37086-1986. email: customer.service@ingrampublisherservices.com

Worldwide: APA Publications GmbH & Co., Verlag KG (Singapore branch), 7030 Ang Mo Kio Avenue 5, 08-65 Northstar @ AMK, Singapore 569880 email: apasin@singnet.com.sg

Contenido

La familia
The family

el tío
uncle

el papá
dad

la mamá
mom

la tía
aunt

sonreír
to smile

la cámara
camera

el bebé
baby

el abuelo
grandpa

la abuela
grandma

el hijo
son

la hija
daughter

el perro
dog

el hombre
man

la mujer
woman

el collar
necklace

la pulsera
bracelet

el esposo
husband

la esposa
wife

la barba
beard

el reloj
watch

abrazar
to hug

el anillo
ring

la hermana
sister

el hermano
brother

la niña
girl

el perrito
puppy

el gatito
kitten

el niño
boy

5

En la cocina
In the kitchen

la vajilla
dishes

la alacena
cupboard

el microondas
microwave oven

el teléfono
telephone

el horno
oven

asar
to roast

hornear
to bake

el delantal
apron

lavar los platos
to wash the dishes

mezclar
to mix

la leche
milk

derramar
to spill

el tazón
bowl

el azúcar
sugar

la taza de medir
measuring cup

la harina
flour

la miel
honey

la olla
pot

la sartén
frying pan

quemado
burnt

el tostador
toaster

el pan tostado
toast

la galleta
cookie

el congelador
freezer

cocinar
to cook

oler
to smell

el queso
cheese

hervir
to boil

el jugo de naranja
orange juice

el huevo
egg

los alimentos
food

la cocina
stove

la mantequilla
butter

el refrigerador
refrigerator

7

En la sala
In the living room

el cuadro
picture

la fotografía
photograph

la puerta
door

los audífonos
headphones

cantar
to sing

el reproductor de CDs
CD player

el piano
piano

tocar
to play

la grabadora
tape player

el casete
cassette tape

el disco compacto
compact disk

el florero
vase

8

En el dormitorio
In the bedroom

el escritorio
desk

el póster
poster

la pantufla
slipper

la muñeca
doll

la silla
chair

encendida
on

el pijama
pajamas

la música
music

el radio
radio

la luz
light

el tocador
dresser

la manta
blanket

la sábana
sheet

el animal de peluche
stuffed animal

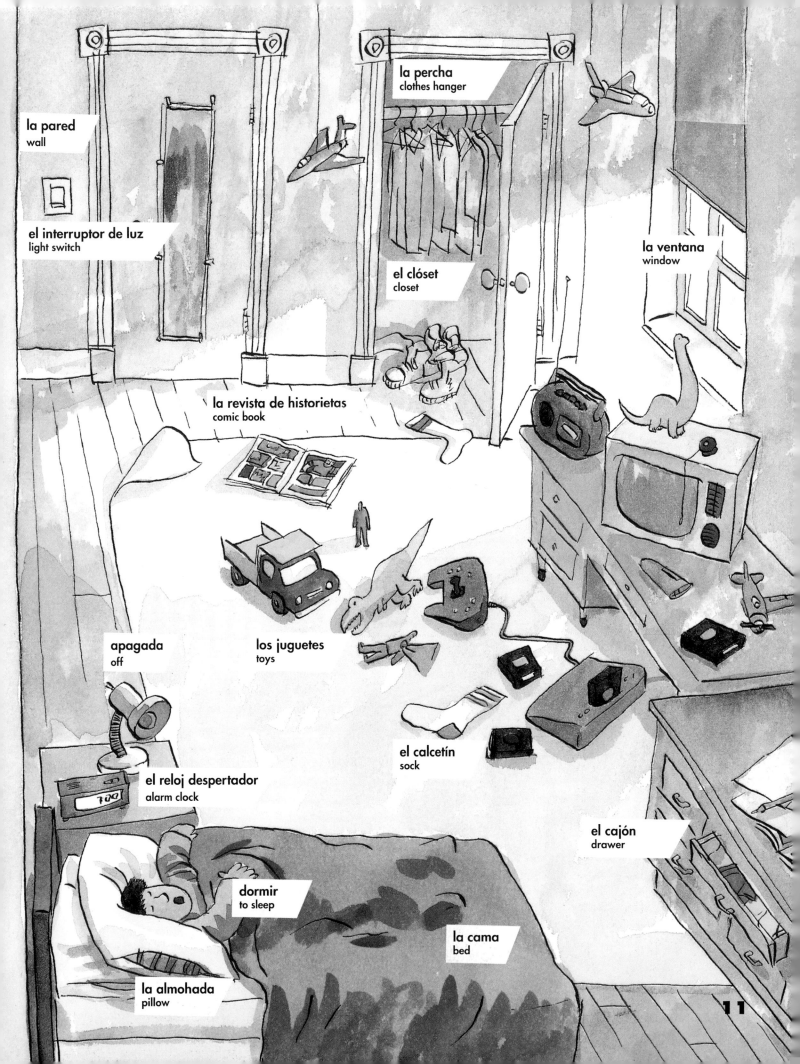

la percha
clothes hanger

la pared
wall

el interruptor de luz
light switch

la ventana
window

el clóset
closet

la revista de historietas
comic book

apagada
off

los juguetes
toys

el reloj despertador
alarm clock

el calcetín
sock

el cajón
drawer

dormir
to sleep

la cama
bed

la almohada
pillow

11

En el baño
In the bathroom

el botiquín
medicine cabinet

el peine
comb

el espejo
mirror

el perfume
perfume

la afeitadora eléctrica
electric razor

el cepillo de dientes
toothbrush

cepillarse los dientes
to brush your teeth

el jabón
soap

la toallita de manos
washcloth

el lavabo
sink

la pasta de dientes
toothpaste

lavarse
to wash

la bata de baño
bathrobe

el piso
floor

secar
to dry

limpio
clean

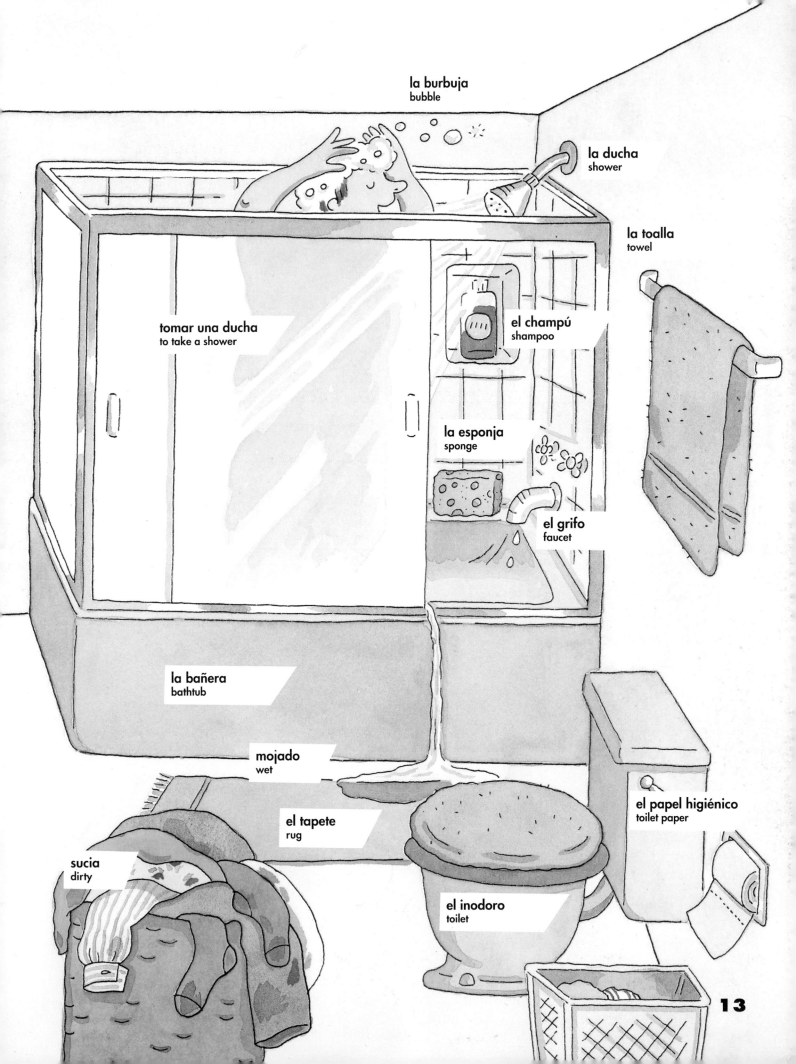

En el taller
In the workshop

la cerradura
lock

el rastrillo
rake

el taladro
drill

el agujero
hole

las escaleras
stairs

el tornillo
screw

la maceta
flowerpot

la rueda
wheel

arreglar
to repair

la bicicleta
bicycle

las pinzas
pliers

el candado
padlock

la llave
key

la caja de herramientas
toolbox

15

La fiesta de cumpleaños
The birthday party

dar
to give

bailar
to dance

el juego
game

el globo
balloon

los dados
dice

el cuchillo
knife

el plato
plate

el caramelo
candy

la cuchara
spoon

el tenedor
fork

la videocámara
video camera

la vela
candle

soplar
to blow

el pastel
cake

el moño
bow

el regalo
present

la tarjeta de cumpleaños
birthday card

la sonrisa
smile

abrir
to open

la cinta
ribbon

desenvolver
to unwrap

el papel de envolver
wrapping paper

17

En el centro comercial
At the shopping center

derecha
right

vender
to sell

izquierda
left

el tenis
sneaker

el zapato
shoe

el cambio
change

subir el cierre
to zip up

el dinero
money

el vestido
dress

comprar
to buy

la blusa
blouse

el bolso
purse

el precio
price

la falda
skirt

la corbata
tie

el sombrero
hat

la billetera
wallet

los anteojos
glasses

el traje
suit

el cinturón
belt

el bolsillo
pocket

los pantalones vaqueros
jeans

arriba
up

abajo
down

la vendedora
store clerk

el cliente
customer

probarse
to try on

los pantalones
pants

la camiseta
T-shirt

la ganga
bargain

los pantalones cortos
shorts

la camisa
shirt

19

En el supermercado
At the supermarket

la cebolla
onion

la lechuga
lettuce

la sandía
watermelon

el tomate
tomato

la col
cabbage

la pera
pear

el limón
lemon

la ciruela
plum

la naranja
orange

la coliflor
cauliflower

el brécol
broccoli

el ajo
garlic

la manzana
apple

la banana
banana

el pimiento verde
green pepper

la uva
grape

la piña
pineapple

el apio
celery

la cereza
cherry

la zanahoria
carrot

la fruta
fruit

la verdura
vegetable

pagar
to pay

la carne
meat

el yogur
yogurt

el pescado
fish

el frijol
bean

el estante
shelf

el pasillo
aisle

el cereal
cereal

el arroz
rice

el carrito
shopping cart

la bolsa
bag

En el restaurante
In the restaurant

el pan
bread

tropezar
to trip

los espaguetis
spaghetti

el pollo
chicken

tener hambre
to be hungry

la cena
dinner

la botella
bottle

la mesa
table

la mesera
waitress

la galleta
cracker

caliente
hot

beber
to drink

la ensalada
salad

el vaso
glass

la servilleta
napkin

la sopa
soup

el agua
water

el mantel
tablecloth

el café
coffee

el postre
dessert

compartir
to share

servir
to pour

la carta
menu

la taza
cup

el mesero
waiter

comer
to eat

la pimienta
pepper

poner
to put

cortar
to cut

la sal
salt

la pizza
pizza

23

En el salón de clase
In the classroom

el tablero
bulletin board

el pegamento
glue

el libro
book

la computadora
computer

el crayón
crayon

el calendario
calendar

la pluma
pen

el número
number

la tarea
homework

el diccionario
dictionary

leer
to read

el maestro
teacher

el estudiante
student

la estudiante
student

la pizarra
chalkboard

las matemáticas
math

dividir
to divide

multiplicar
to multiply

sumar
to add

restar
to subtract

pensar
to think

el globo
globe

el borrador
eraser

la tiza
chalk

el marcador
marker

la grapadora
stapler

enseñar
to teach

preguntar
to ask

la calculadora
calculator

el estuche
pencil case

el cuaderno
notebook

el sacapuntas
pencil sharpener

el lápiz
pencil

la mochila
backpack

En el zoológico
At the zoo

ligero
light

pesado
heavy

el hipopótamo
hippopotamus

el cocodrilo
crocodile

el elefante
elephant

el caimán
alligator

el guía
guide

fuerte
strong

el gorila
gorilla

colgar
to hang

alcanzar
to reach

rascar
to scratch

subir
to climb

los monos
monkeys

el chimpancé
chimpanzee

el oso polar
polar bear

el leopardo
leopard

el oso
bear

la guardiana
del zoológico
zoo keeper

el rinoceronte
rhinoceros

la cola
tail

der Tiger
tiger

el cuerno
horn

tomar fotografías
to take photos

la cebra
zebra

la jirafa
giraffe

rugir
to roar

la gacela
gazelle

el león
lion

el animal
animal

la leona
lioness

el avestruz
ostrich

el cachorro
cub

En el parque
In the park

la canasta
de picnic
picnic basket

jugar a las escondidas
to play hide and seek

la hormiga
ant

las papas fritas
potato chips

la limonada
lemonade

el sándwich
sandwich

la ardilla
squirrel

el picnic
picnic

la mesa de picnic
picnic table

la casita de pájaros
birdhouse

la nuez
nut

estornudar
to sneeze

el arbusto
bush

el camino
path

los patines
roller skates

28

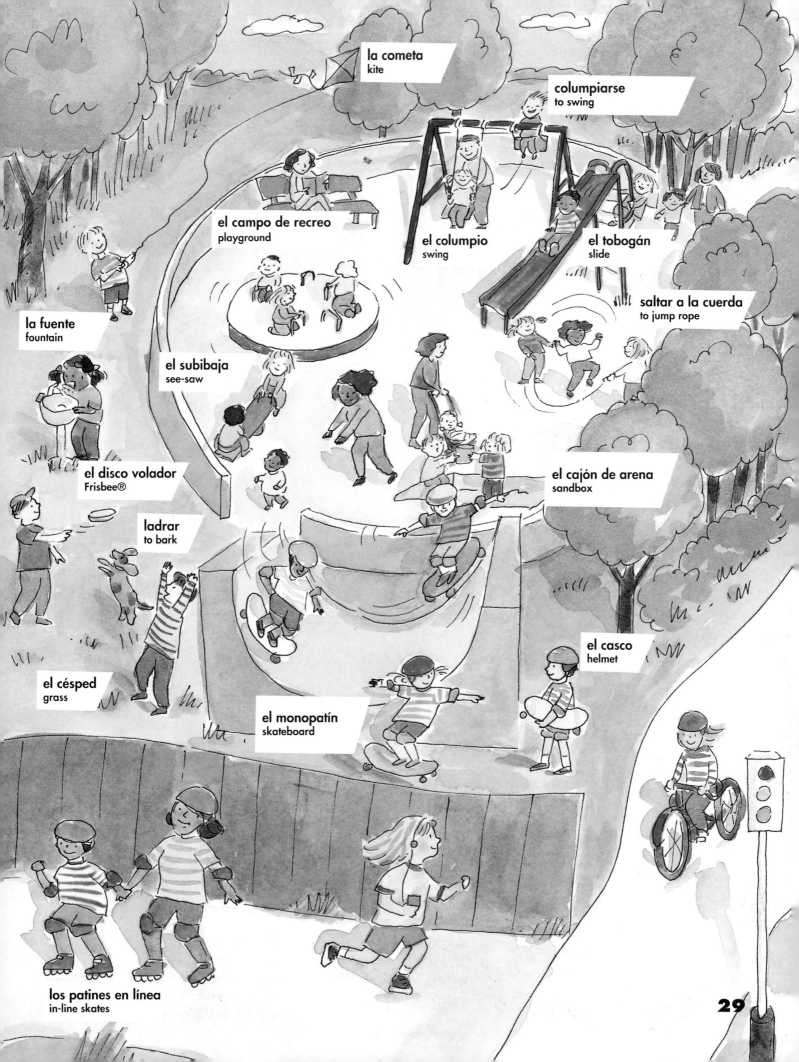

la cometa
kite

columpiarse
to swing

el campo de recreo
playground

el columpio
swing

el tobogán
slide

saltar a la cuerda
to jump rope

la fuente
fountain

el subibaja
see-saw

el disco volador
Frisbee®

el cajón de arena
sandbox

ladrar
to bark

el casco
helmet

el césped
grass

el monopatín
skateboard

los patines en línea
in-line skates

29

En el parque de diversiones
At the amusement park

el circo
circus

la montaña rusa
roller coaster

el payaso
clown

el mago
magician

mareado
dizzy

el fantasma
ghost

el túnel del amor
tunnel of love

el corazón
heart

el monstruo
monster

el mago
magician

la casa de los fantasmas
haunted house

el concierto
concert

la cantante
singer

los altoparlantes
loudspeakers

el micrófono
microphone

alto
high

la rueda gigante
Ferris wheel

el blanco
target

el arco
bow

la flecha
arrow

bajo
low

el títere
puppet

el carrusel
carousel

el algodón de azúcar
cotton candy

el boleto
ticket

la fila
line

31

En el hospital
In the hospital

la medicina
medicine

el doctor
doctor

la enfermera
nurse

la silla de ruedas
wheelchair

la ambulancia
ambulance

el ascensor
elevator

el yeso
cast

la camilla
stretcher

la venda
bandage

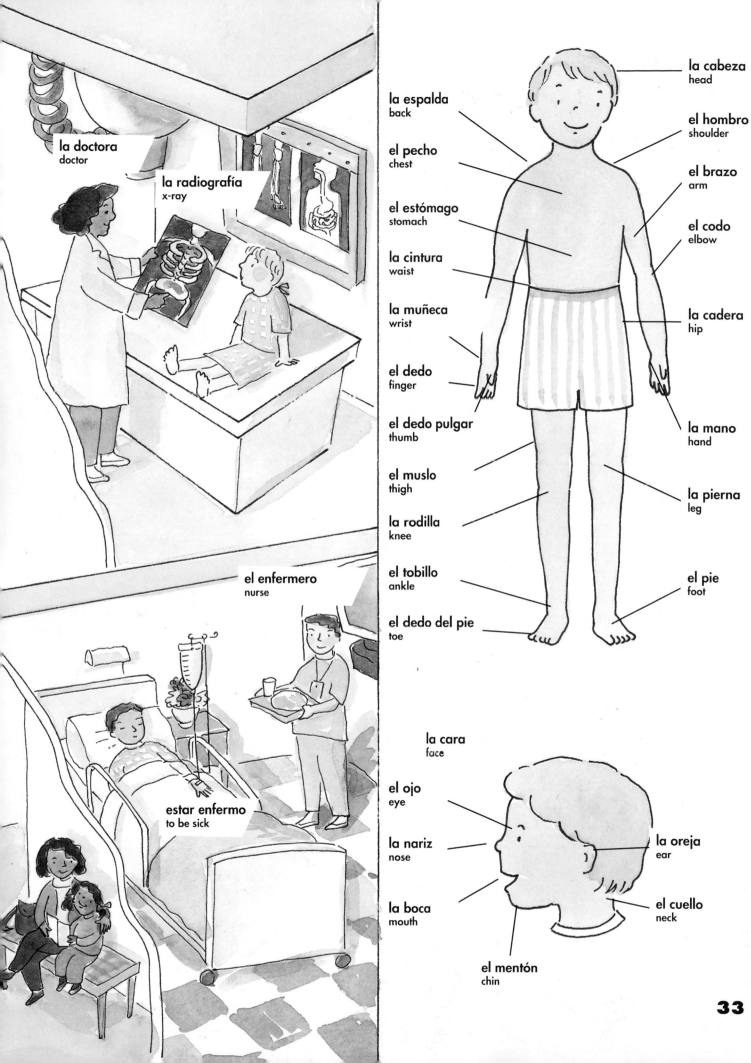

la doctora
doctor

la radiografía
x-ray

el enfermero
nurse

estar enfermo
to be sick

la espalda
back

el pecho
chest

el estómago
stomach

la cintura
waist

la muñeca
wrist

el dedo
finger

el dedo pulgar
thumb

el muslo
thigh

la rodilla
knee

el tobillo
ankle

el dedo del pie
toe

la cabeza
head

el hombro
shoulder

el brazo
arm

el codo
elbow

la cadera
hip

la mano
hand

la pierna
leg

el pie
foot

la cara
face

el ojo
eye

la nariz
nose

la boca
mouth

la oreja
ear

el cuello
neck

el mentón
chin

33

En el museo
At the museum

la estrella
star

la Tierra
Earth

el astronauta
astronaut

el cohete
rocket

blanco
white

la luna
moon

el guardia
guard

marrón
brown

el dinosaurio
dinosaur

el esqueleto
skeleton

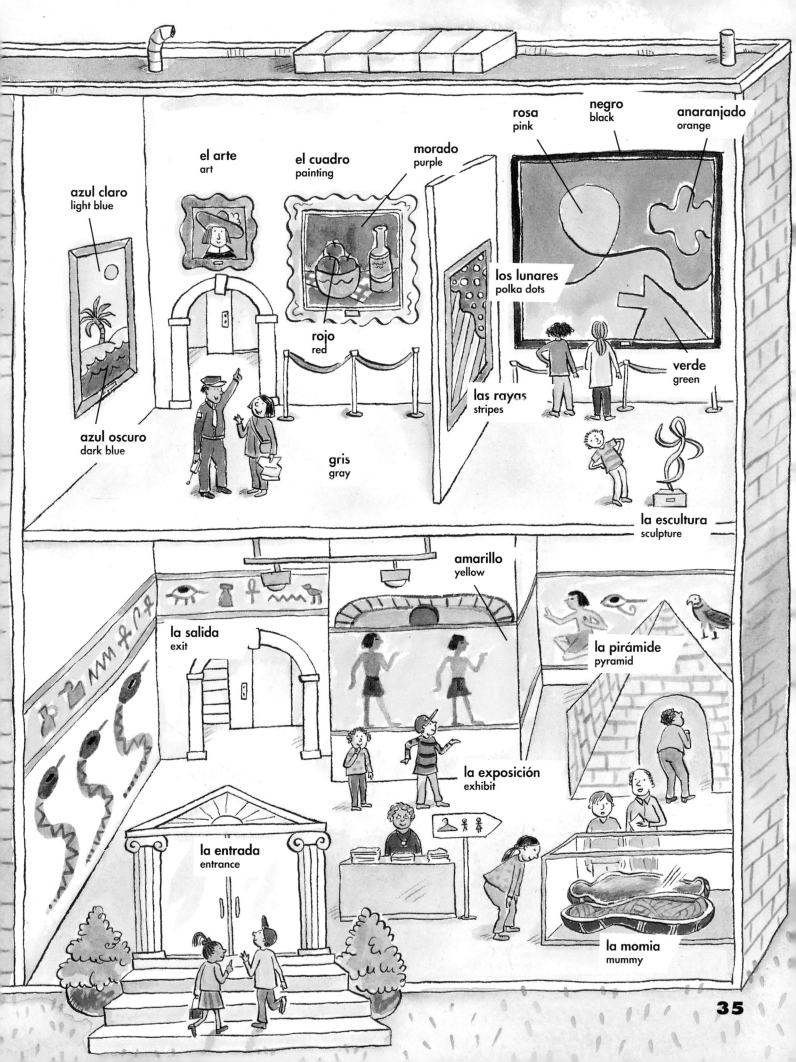

azul claro
light blue

el arte
art

el cuadro
painting

morado
purple

rosa
pink

negro
black

anaranjado
orange

los lunares
polka dots

rojo
red

las rayas
stripes

verde
green

azul oscuro
dark blue

gris
gray

la escultura
sculpture

amarillo
yellow

la salida
exit

la pirámide
pyramid

la exposición
exhibit

la entrada
entrance

la momia
mummy

35

En la playa
At the beach

el faro — lighthouse

la isla — island

la ola — wave

la tabla de surf — surfboard

salpicar — to splash

la máscara de buceo — diving mask

el esnórquel — snorkel

las aletas — fins

nadar — to swim

la pelota — ball

la loción bronceadora — suntan lotion

descansar — to relax

la bebida — drink

la concha marina — seashell

jugar — to play

la pistola de agua — water gun

la sandalia — sandal

los anteojos de sol — sunglasses

la nevera portátil — cooler

el velero sailboat

la palmera palmtree

el sol sun

la gaviota seagull

tirarse al agua to dive

la roca rock

el castillo de arena sand castle

el traje de baño swimsuit

la arena sand

el balde bucket

el voleibol volleyball

el salvavidas lifeguard

la red net

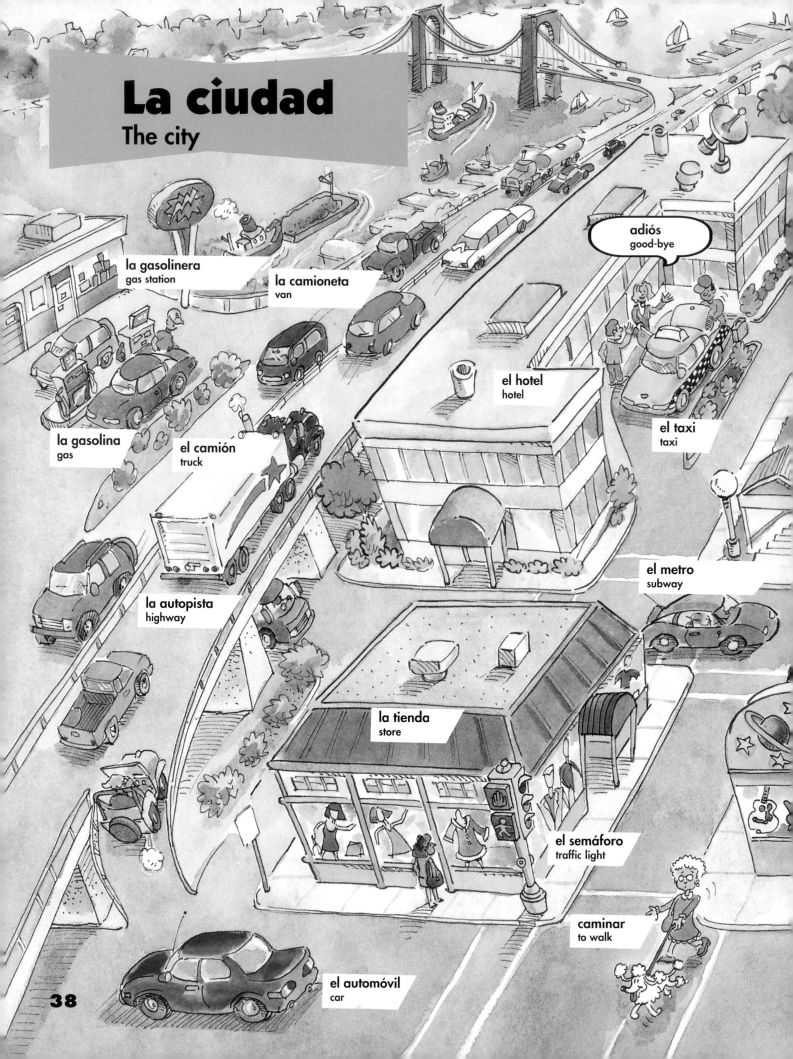

La ciudad
The city

la gasolinera
gas station

la camioneta
van

adiós
good-bye

el hotel
hotel

el taxi
taxi

la gasolina
gas

el camión
truck

el metro
subway

la autopista
highway

la tienda
store

el semáforo
traffic light

caminar
to walk

el automóvil
car

El pueblo
The town

el techo
roof

la casa
house

la tienda de comestibles
grocery store

el desfile
parade

el basurero
garbage can

pintar
to paint

el pincel
paintbrush

el pintor
painter

el diente
tooth

el dentista
dentist

las tijeras
scissors

la peluquería
barbershop

el corte de pelo
haircut

el peluquero
barber

40

la bandera
flag

el ayuntamiento
town hall

la oficina de correos
post office

la carta
letter

la banda
band

el buzón
mailbox

anhalten
to stop

la motocicleta
motorcycle

la banca
bench

el hclado
ice cream

el chocolate chocolate
la vainilla vanilla
la fresa strawberry

el cine
movie theater

la película
movie

la heladería
ice cream shop

41

El campo
The countryside

nublado
cloudy

el rayo
lightning

llover
to rain

la tormenta
storm

la lluvia
rain

la cabaña
cabin

el viento
wind

la hoja
leaf

el paraguas
umbrella

el árbol
tree

el impermeable
raincoat

la nube
cloud

el arco iris
rainbow

la montaña
mountain

el túnel
tunnel

el puente
bridge

el tren
train

la mariposa
butterfly

el conejo
rabbit

el río
river

el zorro
fox

la colina
hill

el campo
field

el pájaro
bird

la flor
flower

43

En la granja
At the farm

el pastor
shepherd

la oveja
sheep

el cordero
lamb

la cabra
goat

el potro
colt

el caballo
horse

el ternero
calf

el toro
bull

la vaca
cow

la cerca
fence

la rana
frog

el pozo
well

el pato
duck

el estanque
pond

el ganso
goose

el establo
stable

el cerdo
pig

la silla de montar
saddle

el heno
hay

montar a caballo
to ride

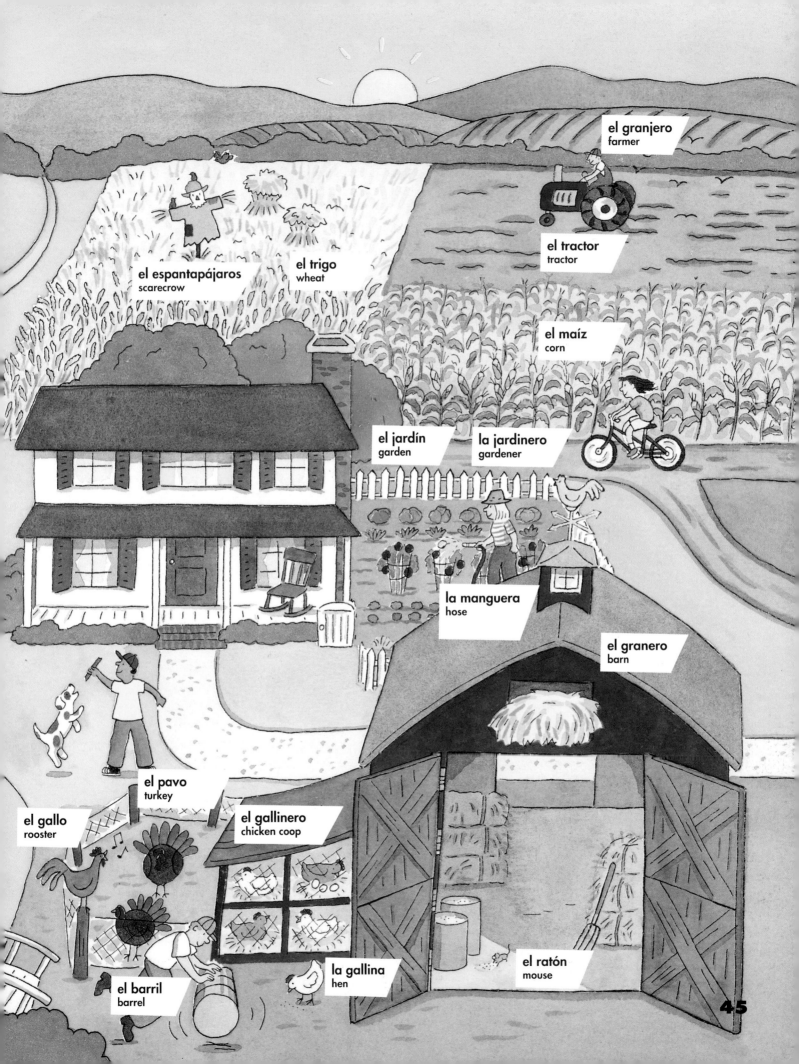

el granjero
farmer

el tractor
tractor

el espantapájaros
scarecrow

el trigo
wheat

el maíz
corn

el jardín
garden

la jardinero
gardener

la manguera
hose

el granero
barn

el pavo
turkey

el gallo
rooster

el gallinero
chicken coop

el barril
barrel

la gallina
hen

el ratón
mouse

45

En el campamento
Camping

el águila
eagle

el puerco espín
porcupine

el ciervo
deer

los binoculares
binoculars

la cascada
waterfall

el nido
nest

el castor
beaver

la gorra
cap

la linterna
flashlight

el mapa
map

el bastón
walking stick

la tienda
tent

la serpiente
snake

el saco de dormir
sleeping bag

el zorrillo
skunk

el humo
smoke

los fósforos
matches

el mapache
raccoon

la parrilla
grill

la fogata
campfire

el sendero
trail

47

Los deportes de invierno
Winter sports

el suéter
sweater

romperse
to break

caerse
to fall

esquiar
to ski

la nieve
snow

el muñeco de nieve
snowman

los anteojos protectores
goggles

aplaudir
to clap

la chaqueta
jacket

los esquís
skis

las botas
boots

la pala
shovel

gritar
to shout

el trineo
sled

los guantes
gloves

la tabla de esquiar
snowboard

la bufanda
scarf

los mitones
mittens

la bola de nieve
snowball

tener frío
to be cold

el abrigo
coat

el hielo
ice

la portería
goal

el portero
goalie

patinar sobre hielo
to ice skate

el palo de hockey
hockey stick

los patines de hielo
ice skates

el jugador de hockey
hockey player

el disco de goma
puck

49

Los deportes de verano
Summer sports

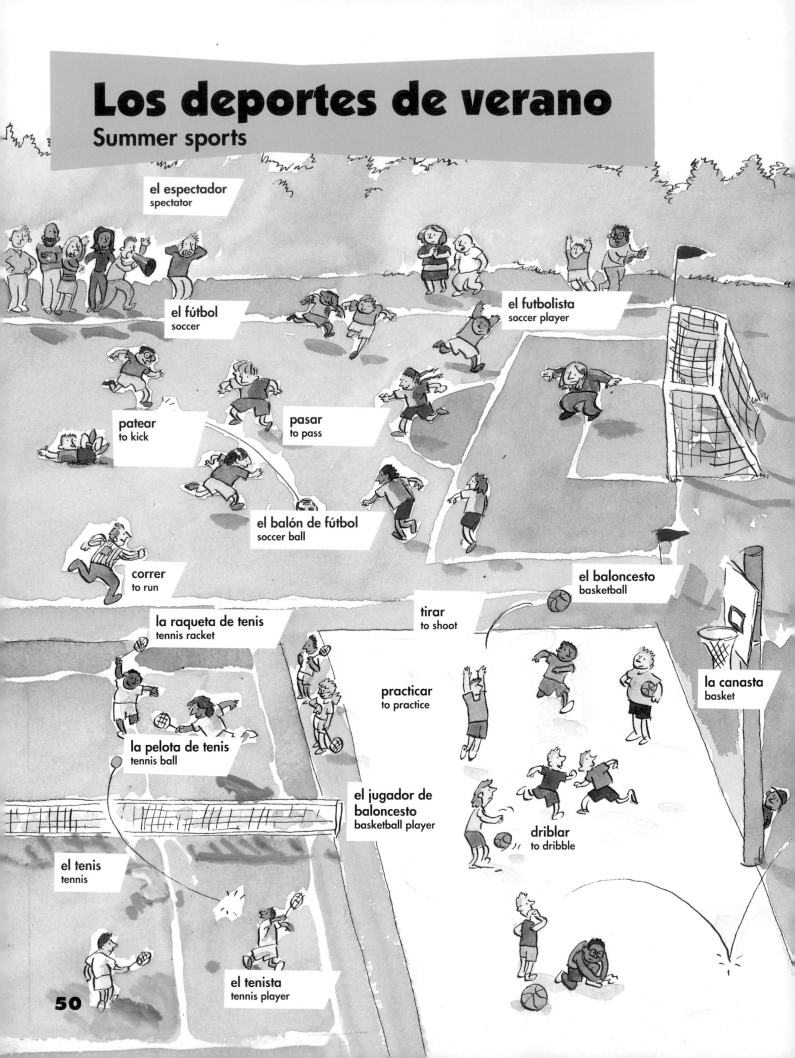

el espectador
spectator

el fútbol
soccer

el futbolista
soccer player

patear
to kick

pasar
to pass

el balón de fútbol
soccer ball

correr
to run

el baloncesto
basketball

la raqueta de tenis
tennis racket

tirar
to shoot

la canasta
basket

practicar
to practice

la pelota de tenis
tennis ball

el jugador de baloncesto
basketball player

el tenis
tennis

driblar
to dribble

el tenista
tennis player

el trampolín
diving board

el salvavidas
life preserver

la piscina
swimming pool

el béisbol
baseball

lanzar
to throw

agarrar
to catch

pegar
to hit

el bate de béisbol
baseball bat

el guante de béisbol
baseball glove

el entrenador
coach

la base
base

el beisbolista
baseball player

el equipo
team

51

El océano
The ocean

la morsa
walrus

la ballena
whale

la foca
seal

la medusa
jelly fish

el calamar
squid

el submarino
submarine

la tortuga
turtle

el tiburón
shark

el pez
fish

la almeja
clam

el coral
coral

abierta
open

cerrada
closed

la estrella de mar
starfish

el delfín
dolphin

soleado
sunny

el pescador
fisherman

pescar
to fish

el atún
tuna fish

la lombriz
worm

el caballito de mar
seahorse

el cangrejo
crab

bucear
to scuba dive

el buzo
scuba diver

el tesoro
treasure

el pez espada
swordfish

la cueva
cave

brillante
shiny

la langosta
lobster

el pulpo
octopus

53

En el bosque encantado
In the enchanted forest

el bosque
forest

el búho
owl

la escoba
broom

el lobo
wolf

la bruja
witch

bella
beautiful

guapo
handsome

el dragón
dragon

el príncipe
prince

la princesa
princess

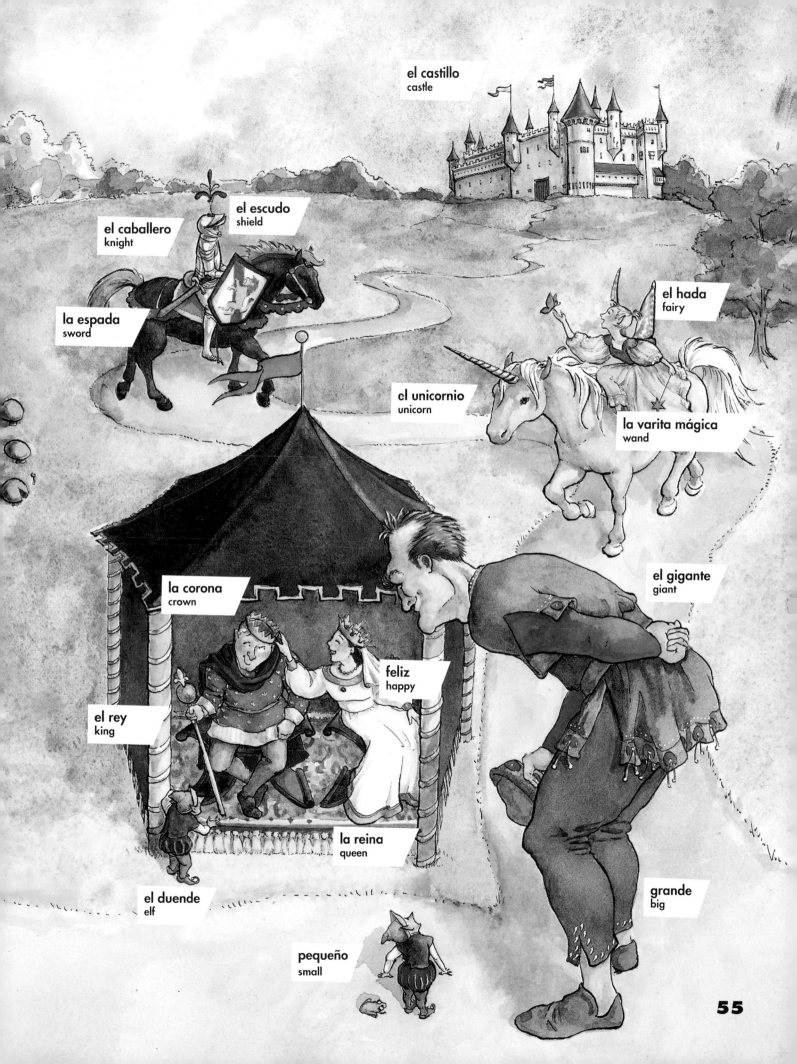

el castillo
castle

el caballero
knight

el escudo
shield

la espada
sword

el hada
fairy

el unicornio
unicorn

la varita mágica
wand

la corona
crown

el gigante
giant

feliz
happy

el rey
king

la reina
queen

el duende
elf

grande
big

pequeño
small

55

De viaje
Travel

viajar
to travel

el crucero
cruise ship

el piloto
pilot

el aeropuerto
airport

aterrizar
to land

el remolcador
tugboat

la maleta
suitcase

el bote
boat

la aduana
customs

el tráfico
traffic

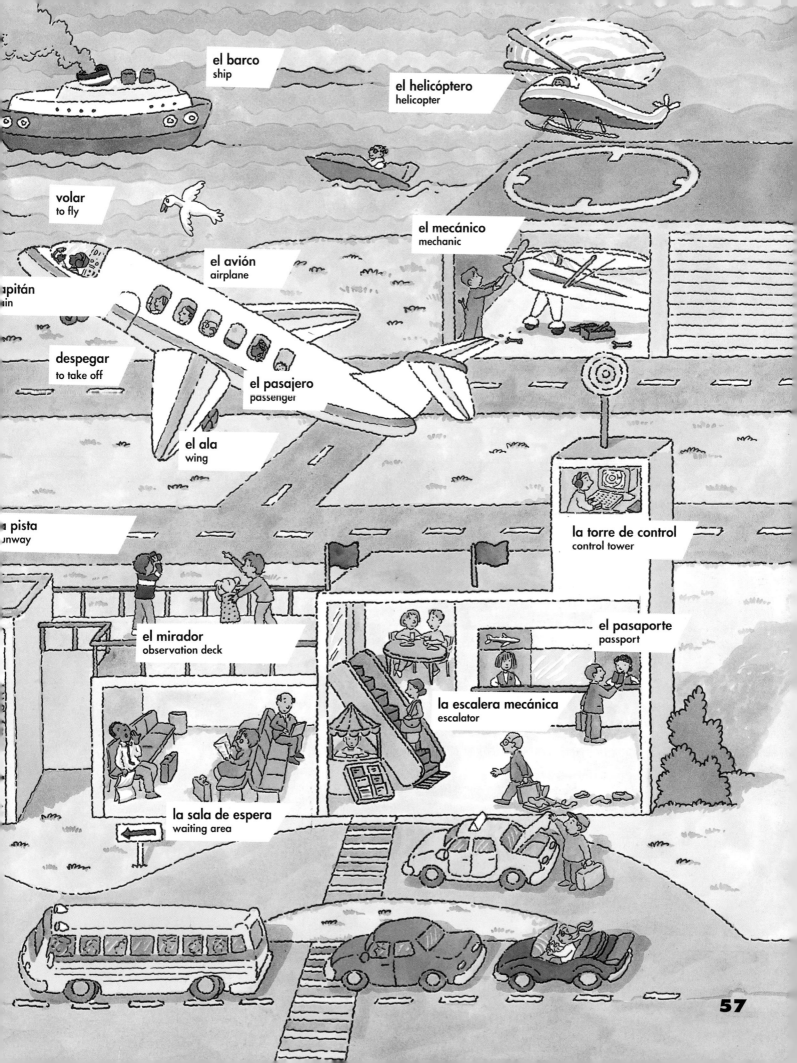

el barco
ship

el helicóptero
helicopter

volar
to fly

el mecánico
mechanic

el avión
airplane

apitán
ain

despegar
to take off

el pasajero
passenger

el ala
wing

la torre de control
control tower

pista
unway

el mirador
observation deck

el pasaporte
passport

la escalera mecánica
escalator

la sala de espera
waiting area

57

Más palabras
More Words

Palabras para describir / Words to describe

aburrido, aburrida	bored
alto, alta	tall
ancho, ancha	wide
angosto, angosta	narrow
callado, callada	quiet
cansado, cansada	tired
corto, corta	short
de cuadros a la escocesa	plaid
delgado, delgada	thin
difícil	difficult
duro, dura	hard
enojado, enojada	angry
fácil	easy
grueso, gruesa	thick
magenta	magenta
pequeño, pequeña	little
ocupado, ocupada	busy
recto, recta	straight
tibio, tibia	warm
triste	sad

Sustantivos / Nouns

alfabeto (el)	alphabet
almuerzo (el)	lunch
arcilla (la)	clay
cacahuate (el)	peanut
caja (la)	box
capítulo (el)	chapter
calor (el)	heat
chicle (el)	gum
cierre (el)	zipper
círculo (el)	circle
color (el)	color
comedor (el)	dining room
cuento (el)	story
desayuno (el)	breakfast
estampilla (la)	stamp
fin (el)	end
fondo (el)	bottom
golosina en barra (la)	candy bar
grado (el)	grade
grapas (las)	staples
guitarra (la)	guitar
héroe (el)	hero
hueso (el)	bone
invierno (el)	winter
nombre (el)	name
otoño (el)	autumn
parte superior (la)	top
pila (la)	battery
pregunta (la)	question
primavera (la)	spring
promesa (la)	promise
prueba (la)	test
respuesta (la)	answer
ropa (la)	clothes
ropa interior (la)	underwear
sobre (el)	envelope
sorpresa (la)	surprise
taburete (el)	stool
té (el)	tea
techo (el)	ceiling
triángulo (el)	triangle
vacaciones (las)	vacation
vaquero (el)	cowboy
verano (el)	summer
violín (el)	violin

Verbos / Verbs

adivinar	to guess
amar	to love
atar	to tie
besar	to kiss
cerrar	to close
construir	to build
coser	to sew
despertarse	to wake up
dibujar	to draw
empujar	to push
escuchar	to listen
estudiar	to study
gustar	to like
hacer	to do
hacer	to make
ir	to go
jalar	to pull
llorar	to cry
oír	to hear
poder	can
ponerse	to wear
querer	to want
saludar	to wave
silbar	to whistle
soñar	to dream
tener	to have
tocar	to touch
tomar	to take
vivir	to live
ver	to see

Los números	Numbers
cero	zero
uno	one
dos	two
tres	three
cuatro	four
cinco	five
seis	six
siete	seven
ocho	eight
nueve	nine
diez	ten
once	eleven
doce	twelve
trece	thirteen
catorce	fourteen
quince	fifteen
dieciséis	sixteen
diecisiete	seventeen
dieciocho	eighteen
diecinueve	nineteen
veinte	twenty
treinta	thirty
cuarenta	forty
cincuenta	fifty
sesenta	sixty
setenta	seventy
ochenta	eighty
noventa	ninety
cien	one hundred
doscientos	two hundred
trescientos	three hundred
cuatrocientos	four hundred
quinientos	five hundred
seiscientos	six hundred
setecientos	seven hundred
ochocientos	eight hundred
novecientos	nine hundred
mil	one thousand

Los números ordinales	Ordinal numbers
primero	first
segundo	second
tercero	third
cuarto	fourth
quinto	fifth
sexto	sixth
séptimo	seventh
octavo	eighth
noveno	ninth
décimo	tenth

Los días	Days
domingo	Sunday
lunes	Monday
martes	Tuesday
miércoles	Wednesday
jueves	Thursday
viernes	Friday
sábado	Saturday

Los meses	Months
enero	January
febrero	February
marzo	March
abril	April
mayo	May
junio	June
julio	July
agosto	August
septiembre	September
octubre	October
noviembre	November
diciembre	December

Expresiones de tiempo	Elements of time
segundo (el)	second
minuto (el)	minute
hora (la)	hour
día (el)	day
semana (la)	week

mes (el)	month
año (el)	year
ayer	yesterday
hoy	today
mañana	tomorrow
pronto	early
tarde	late

Palabras útiles	Useful words
a, hacia	to
con	with
de	of
debajo	under
él	he
ella	she
ello (neutro)	it
ellos/as	they
en	at
en, dentro	in
encima de	on
entre	between
fuera	out
mi	my
mío/a	mine
no	no
nosotros/as	we
nuestro/a	our
nuestro/a	ours
pero	but
quizás	maybe
señor	Mr.
señora	Mrs.
señorita/señora	Ms.
sí	yes
sobre	over
su (de él)	his
su (de ella)	her
su (de ellos)	their
suyo/a (de él)	his
suyo/a (de ella)	hers
suyo/a (de ello)	its
suyo/a (de ellos)	theirs
y	and
yo	I

Índice

canasta de picnic (la), picnic basket, 28

candado (el), padlock, 14

cangrejo (el), crab, 53

cantante (el, la), singer, 31

cantar, to sing, 8

capitán (el), captain, 57

cara (la), face, 33

caramelo (el), candy, 16

carne (la), meat, 21

carrito (el), shopping cart, 21

carrusel (el), carousel, 31

carta (la), letter, 41

carta (la), menu, 23

casa (la), house, 40

casa de los fantasmas (la), haunted house, 30

cascada (la), waterfall, 46

casco (el), helmet, 29

casete (el), cassette tape, 8

casita de pájaros (la), birdhouse, 28

castillo (el), castle, 55

castillo de arena (el), sand castle, 37

castor (el), beaver, 46

cebolla (la), onion, 20

cebra (la), zebra, 27

cena (la), dinner, 22

centro comercial (el), shopping center, 18

cepillarse los dientes, to brush your teeth, 12

cepillo de dientes (el), toothbrush, 12

cerca (la), fence, 44

cerdo (el), pig, 44

cereal (el), cereal, 21

cereza (la), cherry, 20

cerrado, cerrada, closed, 52

cerradura (la), lock, 14

césped (el), grass, 29

champú (el), shampoo, 13

chaqueta (la), jacket, 48

chimpancé (el), chimpanzee, 26

chocolate (el), chocolate, 41

ciervo (el), deer, 46

cine (el), movie theater, 41

cinta (la), ribbon, 17

cintura (la), waist, 33

cinturón (el), belt, 19

circo (el), circus, 30

ciruela (la), plum, 20

ciudad (la), city, 38

clavo (el), nail, 15

cliente (el), clienta (la), customer, 19

clóset (el), closet, 11

cocina (la), kitchen, 6

cocina (la), stove, 7

cocinar, to cook, 7

cocodrilo (el), crocodile, 26

codo (el), elbow, 33

cohete (el), rocket, 34

col (la), cabbage, 20

cola (la), tail, 27

colgar, to hang, 26

coliflor (la), cauliflower, 20

colina (la), hill, 43

collar (el), necklace, 5

columpiarse, to swing, 29

columpio (el), swing, 29

comer, to eat, 23

cometa (la), kite, 29

compartir, to share, 23

comprar, to buy, 18

computadora (la), computer, 24

concha marina (la), seashell, 36

concierto (el), concert, 31

conducir, to drive, 39

conductor de autobús (el), conductora (la) bus driver, 39

conejo (el), rabbit, 43

congelador (el), freezer, 7

coral (el), coral, 52

corazón (el), heart, 30

corbata (la), tie, 19

cordero (el), lamb, 44

corona (la), crown, 55

correr, to run, 50

cortar, to cut, 23

corte de pelo (el), haircut, 40

cortina (la), curtain, 9

crayón (el), crayon, 24

crucero (el), cruise ship, 56

cuaderno (el), notebook, 25

cuadro (el), painting, 35

cuadro (el), picture, 8

cuchara (la), spoon, 16

cuchillo (el), knife, 16

cuello (el), neck, 33

cuerno (el), horn, 27

cueva (la), cave, 53

D

dados (los), dice, 16

dar, to give, 16

dedo (el), finger, 33

dedo del pie (el), toe, 33

dedo pulgar (el), thumb, 33

delantal (el), apron, 6

delfín (el), dolphin, 53

dentista (el, la), dentist, 40

deportes de invierno (los), winter sports, 48

deportes de verano (los), summer sports, 50

derecho, derecha, right, 18

derramar, to spill, 6

descansar, to relax, 36

desenvolver, to unwrap, 17

desfile (el), parade, 40

despegar, to take off, 57

destornillador (el), screwdriver, 15

detenerse, to stop, 41

diccionario (el), dictionary, 24

diente (el), tooth, 40

dinero (el), money, 18

dinosaurio (el), dinosaur, 34

disco compacto (el), compact disk, 8

disco de goma (el), puck, 49

disco volador (el), Frisbee®, 29

dividir, to divide, 25

doctor (el), doctor, 32

doctora (la), doctor, 33

dormir, to sleep, 11

dormitorio (el), bedroom, 10

dragón (el), dragon, 54

driblar, to dribble, 50

ducha (la), shower, 13

duende (el), elf, 55

E

edificio (el), building, 39

elefante (el), elephant, 26

encantado, encantada, enchanted, 54

encendido, encendida, on (light switch), 10

enchufe (el), electric socket, 15

enfermera (la), nurse, 32

enfermero (el), nurse, 33

ensalada (la), salad, 22

enseñar, to teach, 25

entrada (la), entrance, 35

entrenador (el), entrenadora (la), coach, 51

equipo (el), team, 51

escalera (la), ladder, 39

escalera mecánica (la), escalator, 57

escaleras (las), stairs, 14

escoba (la), broom, 54

escritorio (el), desk, 10

escudo (el), shield, 55

escultura (la), sculpture, 35

esnórquel (el), snorkel, 36

espada (la), sword, 55

espaguetis (los), spaghetti, 22

espalda (la), back, 33

espantapájaros (el), scarecrow, 45

espectador (el), espectadora (la), spectator, 50

espejo (el), mirror, 12

esponja (la), sponge, 13

esposa (la), wife, 5

esposo (el), husband, 5

esqueleto (el), skeleton, 34

esquiar, to ski, 48

esquís (los), skis, 48

establo (el), stable, 44

estanque (el), pond, 44

estante (el), book shelf, 9

estante (el), shelf, 21

estar enfermo, enferma, to be sick, 33

estar parado, parada, to stand, 39

estómago (el), stomach, 33

estornudar, to sneeze, 28

estrella (la), star, 34

estrella de mar (la), starfish, 52

estuche (el), pencil case, 25

estudiante (el, la), student, 24

exposición (la), exhibit, 35

F

falda (la), skirt, 18

familia (la), family, 4

fantasma (el), ghost, 30

faro (el), lighthouse, 36

feliz, happy, 55

fiesta de cumpleaños (la), birthday party, 16

fila (la), line, 31

flecha (la), arrow, 31

flor (la), flower, 43

florero (el), vase, 8

foca (la), seal, 52

fogata (la), campfire, 47

fósforos (los), matches, 47